NUS

EVANIR CARVALHO

NUS

ns

São Paulo, 2019

COORDENAÇÃO EDITORIAL: SSegovia Editorial
PREPARAÇÃO: Lindsay Viola
DIAGRAMAÇÃO: Rebeca Lacerda
REVISÃO: Silvia Segóvia
CAPA: Lumiar Design
ILUSTRAÇÕES: Paloma Dalbon

AQUISIÇÕES
Cleber Vasconcelos

Texto de acordo com as normas do Novo Acordo Ortográfico da Língua Portuguesa (1990), em vigor desde 1º de janeiro de 2009.

Dados Internacionais de Catalogação na Publicação (CIP)
Angélica Ilacqua CRB-8/7057

Carvalho, Evanir
Nus / Evanir da Silva Carvalho. -- Barueri, SP : Novo Século Editora, 2019.

1. Poesia brasileira I. Título

19-1551 CDD-869-1

Índice para catálogo sistemático:
1. Poesia brasileira 869.1

Alameda Araguaia, 2190 – Bloco A – 11º andar – Conjunto 1111
CEP 06455-000 – Alphaville Industrial, Barueri – SP – Brasil
Tel.: (11) 3699-7107 | Fax: (11) 3699-7323
www.gruponovoseculo.com.br | atendimento@novoseculo.com.br

"Deixar-se ler é despir-se de todo o pudor, é muito mais do que a genitália exposta, é mostrar a fraqueza e a beleza, é nossa melhor silhueta, mas tão oculta. Concordo, João Cabral de Melo Neto. Você foi perfeito."

Agradecimentos

Antes de mais nada, gostaria de agradecer a todos os poetas que deixaram suas pegadas para que eu pudesse trilhar este caminho até aqui. Em especial a Florbela Espanca, minha musa inspiradora. Ao meu tio Gilberto, grande poeta e amigo. Aos meus avós, que sempre acreditaram que o amor e a educação nos fariam grandes pessoas. Ao meu tio Rui, que sempre me mostrou que os livros nos libertariam. Eu me sinto muito leve e livre!

Obrigado a todos que me ensinaram e despertaram sentimentos nobres e serviram de inspiração para a existência deste livro!

Prefácio

Esta obra contém 92 poemas; neles o poeta caminha vindo lá de seus princípios, Ômega, Abaetetuba, 1982.

Almeirim, Jovem Sereia; por fim, Portel, Alma Cabocla. Em Eldorado... km 02; no poema "Prenúncio de um Adeus", outras criações poéticas residindo em Belém; com o poema "Despedida de 1996"... O poeta começa a criar em São Paulo...

Lugares muito diferentes entre si, mas a criação é coesa e se reescreve profundamente em sentimentos, em completudes e em situações emocionais com uma propriedade ímpar de cativar o leitor, de pô-lo a par do jogo de sentimentos inclusos nos textos poéticos.

O poeta cavalga seu dia a dia com olhar penetrante e o que colhe traduz em palavras, e nos seus cânticos... Recordo-me de tê-lo visto um dia participar pela primeira vez de uma das nossas rotineiras reuniões da Sociedade Brasileira de Médicos Escritores, na qual, como é de praxe, todos são convidados a manifestar sua Arte, não importando de que maneira ela tenha sido criada. Foi o que aconteceu também com o poeta Evanir. Foi convidado, levantou-se e leu o poema que havia trazido para esse fim. A plateia escutou em silêncio e finda a apresentação, o aplaudiu com entusiasmo.

Eu, então, virei para o escritor Carlos Galvão, também nosso conterrâneo – o trio, eu, Carlos Galvão e Evanir Carvalho, somos paraenses –, e lhe disse: "Enriquecemos mais a representatividade do Pará em nossa Sociedade (SOBRAMES-SP)". Ele aquiesceu.

Hoje muito honrado por ter feito este texto, depois de lido *Nus*, livro solo do poeta Evanir da Silva Carvalho, congratulo-me com a minha certeza!

Luiz Jorge Ferreira
Escritor e sócio-fundador da SOBRAMES-SP
(Sociedade Brasileira de Médicos Escritores), 1988.

A base de tudo aprendemos na infância

"Tudo o que eu preciso saber sobre a vida, eu aprendi no jardim de infância." – Robert Fulghum

Citando Fulghum, tudo o que preciso saber sobre a vida, o que fazer e como ser, eu aprendi no jardim de infância.

A sabedoria não estava no topo da montanha de conhecimento que é a faculdade, mas, sim, no alto do monte de areia do jardim de infância. Essas são algumas coisas que aprendi. Dividir tudo, ser justo, não machucar ninguém, colocar as coisas no lugar de onde foram tiradas, arrumar a própria bagunça, nunca pegar o que não é seu, pedir desculpa sempre que errar com alguém, saber quando e como agradecer, lavar as mãos antes das refeições, dar descarga. Leite com bolachas fazem bem para nossa saúde.

Viver uma vida balanceada: aprender um pouco, pensar um pouco, desenhar um pouco, pintar um pouco, dançar um pouco, brincar um pouco e trabalhar um pouco todos os dias.

Quando sair nas ruas olhar os carros, dar as mãos e ficar juntos.

Lembra daquela sementinha de feijão no potinho de iogurte? As raízes crescem para baixo e as folhas, para cima, e ninguém sabe com certeza como e por que, mas todos nós somos exatamente como essa sementinha.

Peixinhos, passarinhos, gatinhos e cachorrinhos e até mesmo a sementinha de feijão no potinho de iogurte: todos morrem – assim como nós.

E então lembre-se dos livros da Chapeuzinho Vermelho e das primeiras palavras que você aprendeu. As maiores de todas: mamãe e papai.

Tudo o que você precisa saber está lá em algum lugar. Regras sobre a vida, o amor, a respeito de saneamento básico, ecologia, política, igualdade e fraternidade. Pegue qualquer um desses termos e extrapole para sofisticadas palavras de linguagem adulta e então aplique em sua vida familiar, seu trabalho, suas ideias sobre governo ou mundo, e tudo continua firme e verdadeiro.

Pense como o mundo seria melhor se todos nós – o mundo inteiro – tomasse leite com bolachas às três horas da tarde, todas as tardes, e depois deitássemos com os nossos travesseiros no sofá da sala para uma soneca. Ou, então, se todos os governos tivessem como política básica sempre colocar as coisas de volta no lugar de onde foram tiradas e também sempre arrumar suas próprias bagunças.

E continua verdade não importa sua idade. Quando sair para o mundo, dê as mãos e fique junto.

Sumário

Ômega

Tudo aconteceu tão rápido…
O sol chegou tarde para saudações;
Como um nada, as folhas calcinadas…
Fotossintetizavam toda a nossa autodecepção.
O derradeiro homem
Poderá gritar que é um vencedor?
Mas quem o ouvirá?
Pois, no ar, apenas um silêncio ensurdecedor
O derradeiro homem
Também terá fome
Também vai querer sobreviver.
Como verdadeiro homem,
O derradeiro homem
Vai se ver tremer
Junto das ruínas de um passado ainda agonizante
E, no mesmo instante, ofegante
Sairá feito um louco
A correr no escuro
Tentando arfar, em vão, um pouco de ar puro.
O derradeiro homem
Desejará não ter sido
A voz de um mundo esquecido,
Destruído pelos homens,
Num sistema equidistante do infinito.

Abaetetuba, julho de 1982.

Jovem sereia

Canta, jovem sereia!
Desfaz-me deste barulho;
Hoje é lua cheia
E minha cabeça está um bagulho,
Um embrulho um tanto amarrotado.
Um pensamento tonto, arrotado
Escapuliu-me pela garganta.
A noite é bela, mas a coisa é feia.
Então venha, te peço, canta! Jovem sereia
A noite passeia com certo orgulho
Aqui venho e mergulho
No teu canto que me asseia
Pois minha ceia
Foi silenciosa e sem ninguém
O que tu tens?
Vem, me espanta...
Incita meus sonhos, vem! Me aperreia!
Por favor, desencanta, jovem sereia.

Almeirim, março de 1983.

Gisa

O meu pensamento em ti corre.
À beira do teu morre.
E tu nem o socorres.
Deixando-o porre
E dorme nas esquinas dos teus olhares...
Nos lugares da serenidade
Minha verdade vulgar
Tornou-me vazio um lado...
O de estar me sentindo do outro lado.

Almeirim, abril de 1983.

Alma cabocla

Eu tenho uma casinha branca,
De um branco minguado
Mas que fala de paz!
Longe do mundo, longe de todos.
Nas noites de mata prateada
A lua me estende seu tapete sobre as águas
Num místico ritual de efêmera eternidade;
Assisto ao balé encantado dos botos,
No embalo da minha rede, através da janela,
Coisa tão pura… bela
E nela há demasiada graça em viver.
Como é maravilhoso meu mundo equatorial!

De manhã cedo, o orvalho me acorda
Natureza me convida a viver.
Os pássaros me ensinam a agradecer a Deus
Por mais um dia feliz que se inicia.
Açaizeiros completam e contemplam minha alegria;
Me fazem rodeios, então me asseio
No rio que passa em minha frente
Levando progresso, levando promessa,
Eu não tenho pressa, tenho prece!
Pouco sei do mundo, de suas maravilhas
Imagino, triste, sua trilha;
Estou longe dos homens
Porém mais perto de mim, de Deus
E de minha família.

Portel, dezembro de 1983.

Prenúncio de um adeus/pânico

É urgente o que tanto necessito!
Não sei se necessitas também
Ou talvez te sintas tão bem
Com a agonia latejante do meu grito.
Procuro nas esquinas uma sombra
Detalho-lhe cuidadosamente a face
Pois hoje, mais do que nunca, a morte nos zomba
Entre mil e um disfarces.
Existem bilhões de seres, todos iguais a mim
Mas não encontro um consolo humano
Nem quando me procuro
E, no escuro, o temor de não acordar me assusta.
Paro alucinado, não creio no que ouço;
O poço! É fundo em demasia.
Respiro em agonia, e passam em minha frente
Várias cenas que me marcaram.
Existe uma goteira em minha testa
Esta com algo a me dizer,
Não devo dormir agora,
É cedo e o mundo chora uma esperança.
Levanta-te também!
Aprecia pela última vez mais um dia
Fica de frente para o resto de vida
Dá as costas para quem já se foi
E celebremos em urgência o nosso suicídio.

Eldorado, Km 02, fevereiro de 1984.

Viva a vida

No lugar mais alto do planeta,
Habita uma solidão eterna.
Por que deixarmos sangrar nosso coração jovem
De forma tão brutal?
Apenas porque eles querem?! E eu?
Será que somos insensíveis, em termos,
Por não entendermos
A velocidade dos dias, anos e vidas?
Vidas… se tantas eu tivesse
Seria um escritor, um padre, um médico;
Mas todos com um coração de caboclo.
Esgotar até a última gota de vida
Que transborda meu corpo inquieto.
Nunca seria forte, nunca o serei.
Se forte estaria nas ruas,
E não sentado como fazem os reis.
Queria a vida para se viver
E não vegetar sob leis.
No lugar mais alto do planeta,
Um dia brincarei com a liberdade;
Me odiar pela juventude, única e mal vivida
E te amar pela vida que não me negaste.

Belém, agosto de 1985.

Dom Quixote

Meu tédio, fruto da misantropia?
Sinto-me como se desibernasse.
Passaram os anos, fiquei num duelo com os sonhos
E o que restou de mim ponho
Na carcaça da esperança e fujo
Emaranhado em subterfúgios.
Forjo minha armadura com os detritos
da vida insegura
E a unto com a prostituição e a bravura
Que alimentam meu povo sujo.
Hoje não mais saio, pois pulam de trás dos postes
Na sombra da noite: Homens

Antes parecia ser somente eu
Cavalgando este asfalto solitário
Nada solidário com a nossa solidão,
E sem um Sancho para oferecer a mão...
Enfim, me encontro perdido num mundo de concreto,
Mas tão abstrato para o meu imaginário...
... Herói lendário, cavaleiro andante,
Dom Quixote perdido, em alucinantes
Manipulações de um Cervantes,
Numa pequena "Mancha" do mundo.

Belém, setembro de 1984.

Pequena

Não sei…
Mas sinto você em cada brisa fria.
É um chamado que se perde na saudade.
E me chama a necessidade
A ter coragem de a invocar.
Nas tardes quentes
Sua miragem me encandeia
Quando você passeia no asfalto.
E voo alto com a imaginação
Me furto a realidade
Quando curto minha vontade
Em fundo tê-la mais e mais e mais!
E me inundo, imundo, depois acordo;
Num submundo então concordo
Sim, você esteve aqui.

Eldorado, Km 02, fevereiro de 1985.

Quadros

Guardo-me em quatro paredes
A confessá-las minha ânsia e sede
As quais estanco como água na enxurrada
Abafo como um grito na madrugada,
Mas a avalanche é enorme,
E antes que em mim se forme
Um ser sem vida, impulso e sensibilidade,
Te chamo na noite
Para que apenas a natureza morta
Presencie o nosso amor vivo,
Esse que é perene,
Dispensa juras, pois verte dos poros.
E as órbitas viciosas de nossos corpos
Convergem e se chocam
Na razão direta de nossas vontades
E explodem no clímax de nossa sensualidade.

Belém, 1985.

Quadros II

Nossa ingenuidade talvez não mereça
Que a felicidade nos esqueça.
E esse palmo que separam nossos lábios
Nem o mais sábio dos sábios
Conseguiria decifrar
O que murmuram meus olhos
Em que desespero mergulha o meu receio.
Teus gestos infantis, logo os desfolho,
São como inverno longe da estação, então espero
Como que num sorriso luzente
Iluminando tudo em minha frente,
Exalando poesia vivente,
Trouxesse um particular verão,
Quando brotam flores, cantam pássaros, caem frutos
Pareço que de tudo desfruto
E passam sigilosamente os minutos
E não me chega espontânea tua decisão.
O nosso amor ingênuo tem muito do profano
E com o passar dos anos
Te amarei mais do que hoje
E tu amarás outro com obsessão!

Belém, março de 1985.

Insurreição latina

Transpira dos esgotos o suor da massa,
Que enlevada vai levada, entorpecida e ofuscada.
Entretanto, há algo de perceptível que nos enlaça;
Incita-nos a tudo, menos morrer por nada!
Na estação da atrocidade, a cada manhã,
Eu morro de fome, frio... Mas segue a floração
Em sua "Seleção Natural" no afã
De criar jovens, que pela história nos salvarão.
Quebrando os frágeis dogmas,
Extinguindo já não úteis doutrinas,
Derrubando cercas e abrindo o campo fértil;
Para proliferar homens e não mais cucarachas,
Ou aves de rapina.
A árvore da paz há de ser plantada no asfalto!
Com as mãos s(o/e)mente, fertilizada com nosso
sangue quente,
Pois somos o grito que soa mais alto
Na necessidade de marcarmos o século e irmos à frente
São lindos nossos ideais, por mais que parecem utópicos,
Trespassarão inevitavelmente os trópicos;
Consolidando e apaziguando um mundo,
Hoje, tão divergente.

Belém, novembro de 1985.

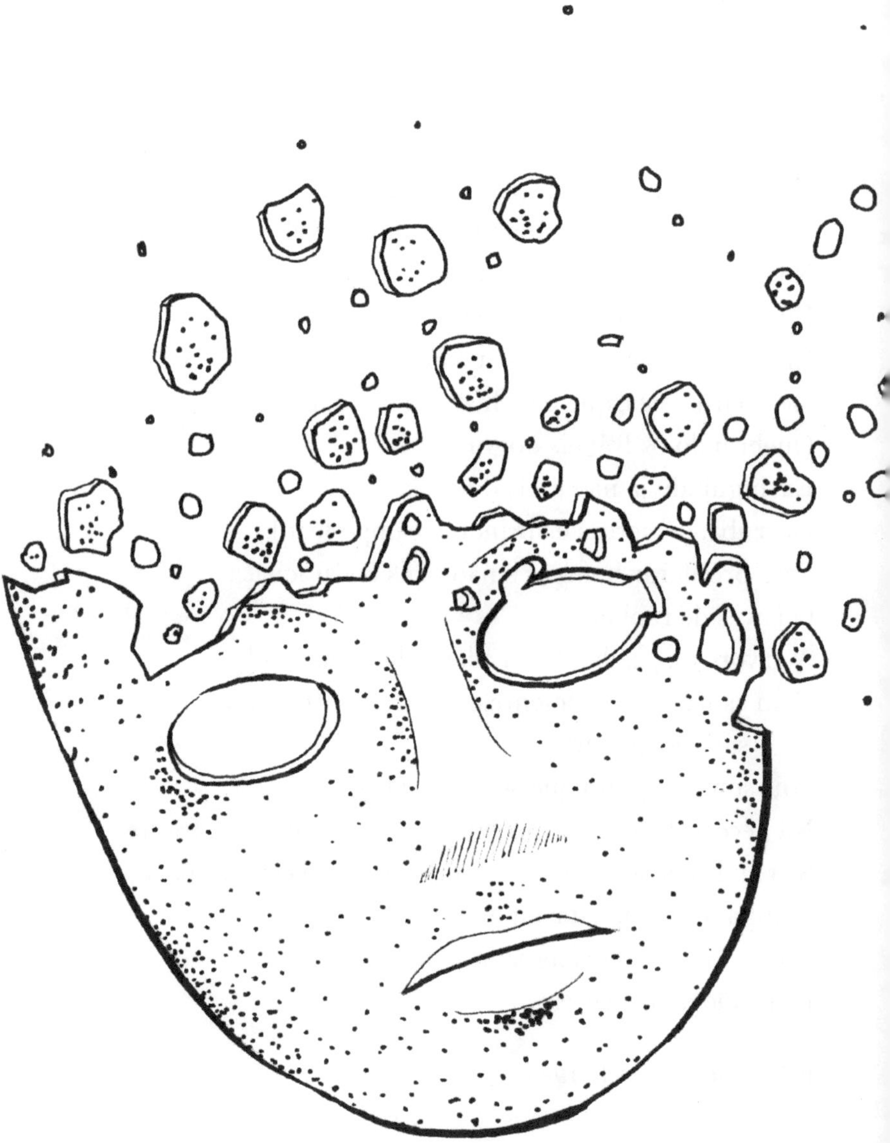

NUS

MEUS POEMAS NASCEM NUS
e crescem puros
Não toque neles, pois são livres!
E sua leveza é triste e extasiante.
Tantas vezes os fiz órfãos,
Quando seriam nobres.
Outras, o tempo os mutilou,
E ficaram no caminho
Brincando com minha infância.
Eles me dizem o que e mais do que sou,
Amam, choram, odeiam, riem...
Apenas vivem.
Nus em minha gaveta
À espera de mim
Querendo devorar o mundo
E eu aqui
Embriagando-me entre sonhos e utopias.

Belém, 1986

Assim foi

Entra, o coração a espera.
Diga oi, crie atmosfera.
Então passearemos na areia
A conversarmos sobre feitos e anseios
Entregando-nos entre o encaixe das palavras
E o êxtase do céu tão próximo,
Que beija ao longe nosso rio sonolento,
Onde uma lamparina, solidão,
Se confunde com as estrelas pálidas;
E vem destas um ar de despedida.
Sim, somos tão veementes. Mas distantes!
Por isso me entrego aos pedaços,
E certamente muito tempo passará
Para enfim me recompor às cinzas;
Numa tarde chuvosa de uma estação distante,
Deste transparente e promíscuo amor
Sem fim, nem começo;
Somente o endereço: A saudade.

Belém, agosto de 1987.

Mormaço

Pessoas distantes,
Vidas paralelas…
Quem sabe no poente,
Sua mão nas minhas?
Um papel aos olhos
Uma caneta nos punhos
Sonolento então componho
Meus sonhos inquietos
E os lanço ao ocaso.
Da correnteza da noite,
Após a turbulência
Morrerão tranquilos em leito
Ocioso e manso sob as árvores
Numa manhã ardente
De um verão sem mim.
Pessoas distantes
Vidas paralelas…
Quem sabe no poente
Sua mão nas minhas…

Portel, abril de 1987, numa Sexta-feira Santa.

Amanhã

Amanhã,
De pé e tão afastados, rasgados, impróprios.
Mirando-nos em outros olhos
Que cultivam o mesmo medo,
Desespero, preconceito, loucura;
Caçam o mesmo milagre,
Apocalipse? Cura?
Darwin e Malthus,
Meus vizinhos e aidéticos
Loucos? Brincam, riem e falam de amanhã.

Belém, março de 1987.

Neuma

Numa onda distante eu virei
Espraiar-me a teus pés nus
Untá-los com as espumas do mar
Mas voltarei no mesmo embalo
Apenas foi o afago de minha saudade.

Belém, 1987.

Onde você mora?

Não sei onde mora a pessoa que amo...
Mas sei o que pensa e as coisas que ama.
É tão inatingível quanto bela.
Seu coração é manso e tão fecundo
Adoro seus poemas
Contados ao vento em seus monólogos
E as pessoas que busca para seus diálogos,
Ela é linda?
É mulher e poetisa
E sabe que existo!

Portel, janeiro de 1987.

Doce futuro

Deixamos, diariamente, escoarem nossa flora,
    fauna e chão...
Numa mesma erosão!
Pelo mesmo rio. Esse de eterna vazante.
Em troca nos dão a fome, a miséria, a morte...
Drogas para esquecermos e entorpecer
Nosso orgulho cabano.
Nem nossas matas, nem nossos rios perenes
Mantê-los é utópico.
Nem a mudança é uma eterna utopia.
Pois até mesmo o eterno e o utópico
Se traem nas veredas das palavras.
É inegável a superproteção ao homem
E sua alta autonocividade.
Porque salvaguardar um ser dinâmico,
Desprovido de sensibilidade?
Pois hoje ele se furta o próprio ecossistema,
Amanhã, numa solidão cósmica,
Não hesitará em implodir-se.
Governante, servente adorável. Ser vil, porém mutável.
Nossa réproba dignidade não merece ser olhada
Por um ente superior que paira sobre nossa insânia.
Nós passaremos nessas páginas como um etc.
De um texto pálido e descomprometido com a razão?
Ou como um refrão de um poema sonoro e profundo
Sempre que relido?

É tempo de afrouxarmos os nós;
Não mais sermos sós
E sim sóis de luz intensa.
Para iluminarmos este quintal do mundo
Fazendo-o porta de entrada
De uma casa chamada DOCE FUTURO
Você é apenas um? Quem é mais?
Dê-me a mão e seremos incontáveis
Como as estrelas das noites juninas do meu Portel!
Venha! Muito nos esperam.

Belém, janeiro de 1988.

Aidsmatozôniomissão

Eu vi as luzes que partem do teu olhar
Iluminam pálidas o carma de nossa solidão,
E não mais são vedadas pelos ecos do trovão
Quando nossa rebeldia ofuscava a covardia
Entranhada em nossas almas vazias,
E calávamos de jeito mórbido
para ouvirmos sofismas de que seríamos o futuro
E uma chance para tal cairia do céu!
Antes da bomba?!
Sempre nossa rebelde covardia!
Somos beligerados pra ter medo
Geradobelos para ser fracasso
Lembra quando o lençol nos separava do mundo
Tornando-nos invulneráveis?
E a bomba?
Não! Somos muito covardes para tanto
Sim! Nossa mesquinha covardia.
Nos sorvemos num sadomasoquismo harmônico
Adeus ao ozônio! Bem-vinda, AIDS?... Depressão.
Parece lógico. Ou não?
E a bomba?

Ela é o símbolo de nossa decrépita ignorância
Desculpe o desabafo…
E esse teu cigarro interminável?
Essa cortina impenetrável
Esses teus olhos profundos, distantes, porém vazios
Me prenunciam um adeus
Não! Ainda sou muito inseguro
E morreria ao te ver volatilizar entre a fumaça
E a se confundir com nossa escassa “esperança verde”!

Belém, outubro de 1988.

Borboletas no café

Borboletas no café
Me fazem voar,
A última lágrima destes anos,
De muitos planos, desenganos e solidão.
Aperte a minha mão, e cante aquela música
Não importa o tom, pra mim já tá bom.
Nem se importe com o chão
Espalhe as cinzas pela casa
Incinere e nos dê asas
Para curtirmos a imaginação
E o êxtase de sermos amigos
Nesta vida... Doce e amarga canção.

Almeirim, julho de 1988.

Um minuto de saudade

Na madrugada, parede da sala,
Teus olhos acesos saem das manchas;
Surge teu perfil excitado da primeira noite.
Chego a me impressionar com a sensação
De que estarás com teus cabelos negros e longos
A enfeitar esta noite distante
Algumas léguas de incertezas inquietas,
O que conversaríamos?
Não sei, seria pouco qualquer coisa.
Esse teu fantasma nutre
Minha carência de sonhos,
Ceifa minha solidão momentânea;
Prego os olhos na página mais complicada!
Torna-se tão lúcida...
E tu recuas na parede,
Percebo, enfim,
Que as semelhanças nunca existiram...
Mas volte sempre.

Belém, setembro de 1989.

Ruas escuras

Pousarei em tua cama,
Qualquer triste madrugada,
Tal qual uma fada
Serás puro encanto.
Entre poesia e pranto
Tirarei tua roupa pouca
E com voz rouca
Te pedirei confissões,
Que naquele momento serão tudo;
Mais tarde, mero capricho da fraqueza.
Brindarei a pureza de nossa infantilidade
Que se esvaiu em orgasmos diversos.
Após minha partida,
Me espere, que eu voltarei...
Em uma solidão maior!

Belém, julho de 1989.

Gibran

Acordarei cedo amanhã,
Num ritual longe das mesmas repetições
Com os olhos e os gestos cheios de imprecisões
Irei ao encontro de Gibran.
Ansioso pra dizer que o filho é meu!
Negando a filosofia e tudo mais que me rege.
Eu sei que seu choro precisará as fronteiras das vidas,
Por isso não me perguntarei por quem os sinos dobram
E nem serei seguro como a goiabeira amiga
Que há muito me embalava em seus braços fortes
E que me ensinou a amar e quebrar o convencional.
Que venha despido e eternamente incompreendido,
Despojado de concepção lógica, assim
como o Salvador...
Dali, daqui... de mim pelo menos!
Não herdarás o clone de uma geração covarde
E nem será tarde para deixar sangrar a úlcera
Dos sonhos embutidos em páginas carcomidas
Pelo anacronismo dos desejos e atos.
Que Deus curve seu arco de acapu
E te lance para além do arco-íris,
Para o bem de nossa aliança
E na tua mansão do amanhã
Receba essa carta, ela tem o teu endereço.

Ela sim transgride Gibran... Devo acordar... nem sei
se a mereço...
Pois nem mesmo em sonho poderei te visitar. E quase
já é manhã.
Este é dedicado a todos os filhos da ânsia,
que sejamos felizes!
Para minha filha: Evanessa Gibran.

Belém, dezembro de 1989.

Letargia

Eu não existi!
O barro na sala não foi dos meus sapatos,
A frase bonita e desinteressante sobre os fatos
Nunca chegaram a atos,
Nem mereceram relatos ou desacatos,
De fato. Eu não existi!

Lembro lábios rítmicos,
Não suas palavras.
Lembro os olhos cheios
De um passado vazio,
Os cérebros cheios de giros
E sinapses, apenas!

Todos sequiosos de avidez
E de um planeta particular,
Não tão pequeno,
Para acalantar egoísmo
Numa rede branca.
Cantando canções
That don't say anything!
Nós nunca existimos…

Belém, dezembro de 1989.

Praça de maio

Não é maio…
Mas há praças com sorrisos infantis,
Crianças infelizes, felizes no chafariz…
A tristeza faz seu ensaio…
Eles voltarão!
Não abandone a estação,
Que faça sol, neve, eles estarão
A enfeitar seus pesadelos
E as páginas que não foram escritas… proscritas
Não fique triste
Voltarão com as baleias
E nossas ceias não mais serão silenciosas.

Haverá choro e copos quebrados,
Febre e pés cortados...
Rirão de suas preocupações
E beberão o sal de suas lágrimas
Como um sensual tira-gosto
E te pedirão para dormir,
Para transarem na sala
Com suas empregadas sifilíticas...
... e sempre voltarão
Como suas faces paralíticas.
Não é dezembro...
Mas lembro:
É tempo de morrer.

Belém, março de 1990.

Réquiem à vida

Hoje despeço-me de ti.
E meu amor é bem maior do que antes.
Preferir ser teu admirador,
Ao invés de amante,
E só por isso pude te amar, mais e mais.
Excitei-me pela tenridade de teus músculos,
Te fiz juras na embriaguez do teu crepúsculo,
E te louvei pelo sorriso amigo
Que não me negaste…
Mas não queria te deixar,
E sim velar teu sono,
Te ver crescer livre e desabrochar sem dono
E te afastar de vez toda e qualquer sensação de abandono
Não, eu não queria te deixar!
Prometa segurar a minha mão enquanto eu sonho.
E se eu não acordar
Me acalante em teu seio…
Pois sou um poema friável
E só para ti me decomponho.

Belém, abril de 1991.

Eu quero você

Eu quero você!
Não antes e nem depois do prazer,
E sim para me ensinar a sofrer.
Eu quero você
Quando nossos vizinhos
Não mais morarem na nossa rua,
Quando em minha noite
Não mais brilhar a lua
e quando minha vida
Nem sequer for mais sua.
Eu quero você
E toda eternidade contida no teu beijo,
Por todo êxtase que por fim lacrimejo
E todo futuro que não mais almejo.
Eu quero você
Para ler poesia quando me sentir só,
Com saudades do tio Beto e da minha avó,
E tal qual meus versos voltar ao pó.
Eu quero você
Por mais que eu não mereça
Por trás da cortina espessa
Que esconde seu sorriso amigo,
Ficará para sempre comigo,
Por mais que de mim esqueça!
Eu quero você!

Belém, março de 1992.

Aos pediatras

Há, eu vi! Pessoas falando de um mundo melhor,
Enfim eu senti, que eu não mais estava só.
Não falavam em guerra ou em revolução,
Sim, palavras amenas como carinho e atenção,
Para com esse mundo que chora, mama, engatinha
Ou que já a curtos passos caminha
E assim como nós, também quer saber o porquê
de tudo.
Se intitulavam PEDIATRAS,
Anjos da guarda de um futuro carente e tão vulnerável
Chamado CRIANÇA.
E havia tanta cumplicidade com a vida em seus olhares,
Numa simbiose de carinho e esperança.
Sorriam quando a vida era a triunfante,
E se viam infantis quando a impotência lhes
tocava a alma.
Se há um mundo melhor e eu acredito, devo buscá-lo!
Desde então, como tantos, resolvi segui-los.

Belém, julho de 1992.

Lene

Não sei onde mora a pessoa que amo,
Ela por aqui não mais existe.
Mulher e poetisa
E sabe que sou triste.
Em que dimensão
Divaga desvairada tua solidão?
Em que direção, por qual razão
Partiste tão triste
E nem me deste a mão?
Nosso único pecado foi Amar?
Amar nunca foi pecado.
Nossas vidas não serão paralelas
No poente minha mão tocará a tua
E a eternidade será mais feliz.
A poesia tem teu nome
Todos meus poemas foram escritos
Para ti, por ti
Pois eu sempre soube que existias!

Belém, novembro de 1993.

Margarida

Andando um dia pela terra dos anjos
Me deparei com uma flor em um lindo vaso de cristal
Onde outras flores e cores iam ao seu encontro
E a tornavam mais bela e sem igual.
Feito um gêiser emanando paixão,
Fui ao seu encontro,
Pronto a tê-la em minhas mãos
Que eram jovens e trêmulas
E num suspiro a deixei cair ao chão,
Árido como meu rosto sem lágrimas,
Infértil feito meu coração.
E ela murchou diante dos meus olhos,
Me deu um sorriso,
E eu não mais vivi desde então,
Pois ao paraíso não se chega sem perdão!

Belém, novembro de 1994.

Despedida

No dia em que eu morri,
Fez uma noite quente,
Como as entranhas da minha Belém.
Todos foram se despedir de mim.
Jamais pensei que isso ocorreria
E que correria!
Havia ao mesmo tempo
Uma nostalgia embebida
Numa taça de alegria.
Estavam parentes, namoradas, amigos.
Música, cerveja e lágrimas.
Promessas de reencarnar
Em qualquer mesa de botequim
Vendo tudo aquilo, bonito!
Até me conformei com a despedida.

São Paulo, maio de 1996.

Carolina

Me perdoa,
Por ter chutado teus castelos de areia,
E apagado teus rabiscos no chão,
Que pediam para que o sol surgisse!
Como foi tolice
Beijar tua boca e balbuciar alguns versos,
Que perversos!
Rasgaram tuas roupas e a fizeram viver,
Como se fosse o último sonho!
E Carolina ficou no caminho,
Brincando com minha infantilidade
Engatinhando em minha sala,
Ampla como o vazio em minha alma,
Com os olhos meigos e braços ávidos
De um abraço que não vi nascer.
Eu nunca deveria ter saído daquele rio!

São Paulo, outubro de 1997.

Evany

Chegar e não ter teu sorriso
É como não haver piso,
É como não voltar,
É ter errado de porta,
Ver fechadas as comportas
E prestes a rebentar.
Chegar e ter teu abraço
É ancorar seguro
É certeza de futuro
É muito mais que amar.

São Paulo, novembro de 1997.

Alma de poeta

Como é vulnerável a alma do poeta.
Como é fugaz, mutável e sem metas.
Há somente um compromisso. Com o acaso.
Por isso hoje me visitou uma saudade,
Que há cinco anos não a vivia.
Pousaste em minha frente
Com tua pele alva e sorriso enigmático,
Zombando e amando minhas bobagens,
Como no primeiro dia,
Quando tudo prometia
Que seríamos, tão inseparáveis quanto breves.
Ainda sinto tua mão em minha nuca,
Dizendo pra esquecer tal equívoco,
Parecia algo mais que perdão.
Completavas, breve é a vida, sim!
E na eternidade, riremos de quão infantis nós somos.

São Paulo, fevereiro de 1998.

Amor, um sentimento em agonia

Quando o amor morreu
Eu ainda não havia nascido
Ido às farras, às aulas
Às jaulas já pré-moldadas
Dadas como brinde por nossa pobreza.
Pobre reza, ninguém a ouviu
Ou viu e fingiu.
Gil, como deturpamos o amor!
Ah! Morremos primeiro em nós,
Nós vivos em nossas gargantas,
Tantas vi calarem junto dele.
O amor morreu antes de eu nascer.
Ninguém me ensinou
Que ele regia o universo.

São Paulo, março de 1998.

Esse olhar!

Esse olhar, eu já vi em outro rosto!
Desses lábios, ainda lembro o gosto,
Apesar de nunca tê-los beijado.
Seu umbigo é um abrigo
Onde refugio minhas intenções
E emoções refeitas…
Você é perfeita!

São Paulo, março de 1998.

A Terra do Nunca

Quando atravessares a cortina verde
Nos primeiros raios da manhã
Onde a fantasia e o sonho
Fazem tênues fronteiras com a realidade,
Feito o Tapajós e o Amazonas em minha saudade.
Despertarás com o aroma do cupuaçu
Que a centenas de metros
Ratificará tua presença no paraíso,
Que te parecerá simplista,
Pois os teatros, os cines, os vídeos
Te mostram algo parecido, mais sofisticado
Com mais precisão e conforto
E até com mais segurança.
Mas nunca conseguirão reproduzir
O aconchego da chuva tropical em tuas entranhas,
O beijo suculento do bacuri em teus lábios,
A vertigem de mergulhar em igarapé de água fria,
E verás que o medo da onça é ínfimo,
Perto do medo das pessoas que propõe proteger-te.

É triste, mas pra ti o mais belo está abaixo
do que vemos,
Nossas montanhas de ferro, ouro, nossas selvas.
Nós somos tão poucos,
Não valemos uma infinita parte de tudo isso, pensarás.
O abstrato é meu mundo, sem dimensões,
A terra do nunca.
O seu é o concreto, um 3/4, 200m²,
Protegido por seguranças,
Onde com certeza não vou pousar,
Pois tuas grades me matariam
De solidão nas primeiras horas,
E tu chamarias de claustrofobia.

Dezembro de 1999.

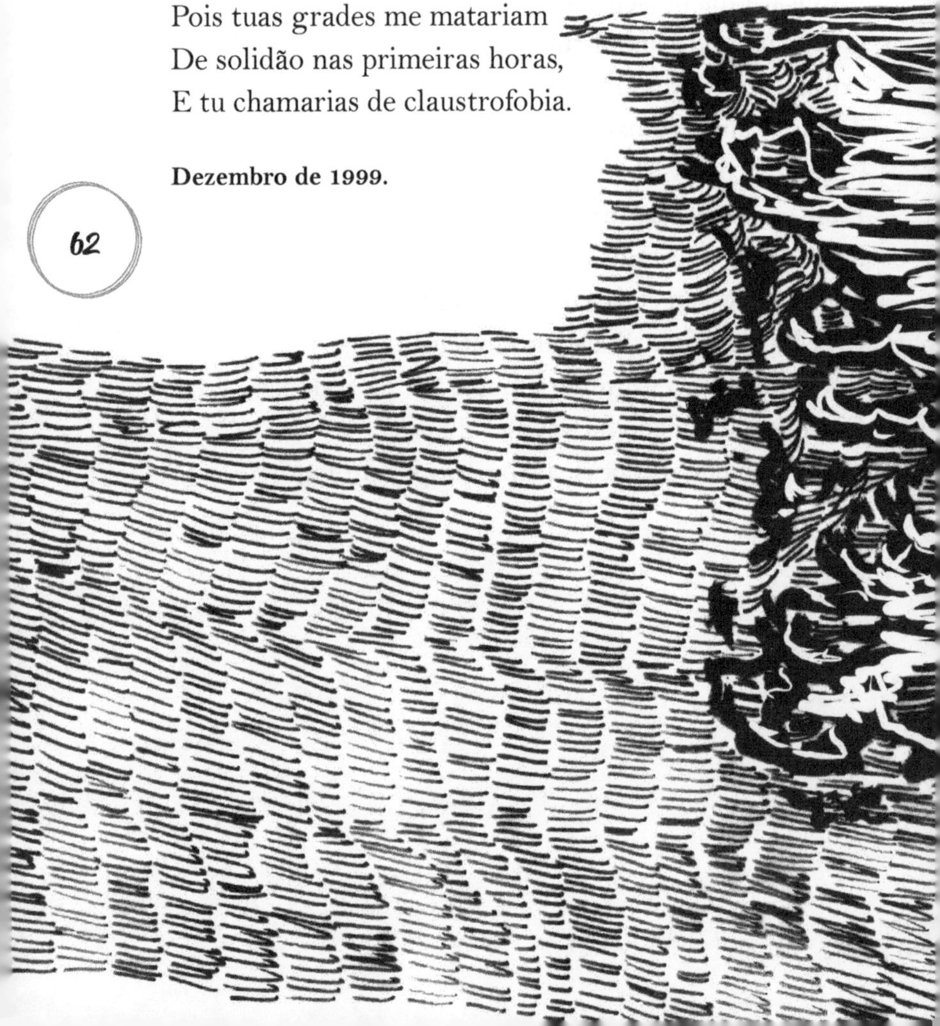

Margarida, de novo!

Quando eu a vi naquela tarde
Até agora não decifrei o que senti naquele momento
Era um emaranhado de sentimentos,
Com apenas uma certeza.
Eu havia morrido! Com certeza!
Mas o amor em mim embutido
Era como se possuísse autonomia,
Um crescimento fora de controle
Querendo perenizar,
Quando minha alma,
Nem sequer mais existia...
Queria sim, ser caboclo,
Com vontade própria, de vida imprópria,
Pelos igarapés e becos
De um coração sem amarras,
Abortado a margem de um rio qualquer,
Perdido nos confins do alto Pacajá.
Sem se importar com o que se passa do lado de lá.
Querendo pular em seus lábios
E calá-los dizendo: Estou vivo!
Me palpe, me cheire!
Me diga pela última vez que me ama.
E eu, enfim, descansarei em paz!?

São Paulo, janeiro de 1999.

Meu filho

Os fantasmas me visitam às vezes,
Como se ansiosos por me ver por lá.
Eu da janela vejo passarem os meses,
E não mais sinto vontade de pular.

Há um sorriso, um choro, um abraço
Que me ata os pés, num elo inquebrável,
Tão forte, que só pode ser amor esse enlaço,
Que me desata, desmonta, lindo e insofismável.

De longe o poema mais belo que já li
Um quintal fértil nestes tempos de estiagem,
Felicidade que não cabe em mim.
Um trem para além desta viagem.
Chamada viver.

Carapicuíba, março de 1999.

Conflitos

Esses caminhos,
Nos levam a tantos outros,
Aqueles carinhos,
Já não trazem um ao outro.
Por muito mais,
Já fiz tão pouco,
E do meu cais
Espero mais um pouco.
Para onde aquele rio corre?
Onde morre o horizonte?
Para que ponte a vida escorre?
Se a poesia não tem mais fonte
Como posso ficar de porre?
E ainda me chamam de louco...

São Paulo, junho de 1999.

A poesia e a Medicina

(poesia baseada em evidências)

Todos temos planos,
E eles alimentam o calendário.
Quando meu caçula fizer 18 anos,
Vou arribar sem itinerário.

Para um lugar distante
Onde a poesia não more apenas no dicionário.
Onde o amor seja palpável e pulsante
E não rima de um visionário.

Sinto sede de versos nas escolas
Ao invés de tiros e lamentações.
Quero ouvir nas esquinas canções
Ao invés de pedidos de esmolas.

Por enquanto, eu ando a esmo.
Não sei se minha sombra é confiável
Se minha fortaleza não é friável
Nem sei se eu sou eu mesmo!

Quando perceberemos
Que nosso tecnicismo
Não salvará o mundo?
Nem nosso cinismo,
Sequer a nós mesmos!

São Paulo, novembro de 1999.

Mensagem na garrafa

Eu ando tão triste, por esses corredores tristes
Que chego a acreditar que a febre faz parte da tristeza.
Que o calafrio da carne
Não passa de um choro, soluçante, da alma.

E quando caem as lágrimas, elas nada mais são
senão vazão da minha alma
Que transborda, e não me deixa ficar de pé
Mas logo será nova estação.
E com ela também muda a maré

Alguém me espera, longe dessa atmosfera
redemoinho, à beira de um igarapé
Com um sorriso amigo, e um abraço frondoso
Talvez seja pouco para imensa solidão que sinto
Mas é tudo que necessito neste momento.

São Paulo, outubro de 1999.

Uma sexta-feira com ares de domingos

Ontem o céu nos pareceu mais brilhante,
A cidade cinza ficou bela, por um instante.
Com labaredas de orgulho e felicidade
Você era a própria constelação, de outra cidade,
Cruzeiro do Sul
A nos mostrar o caminho
Nestes tempos de agruras e incertezas.
Por momentos lhe imaginei inimaginável
Pelas ruas longínquas a vender doces,
Você nem sequer imaginava
Que Deus apenas forjava
Esse amigo sincero e pai admirável!
Na imensidão de nossa Amazônia
Nossa frondosa amizade, feito a samaumeira
Com raízes viçosas, será mais saudosa...
Mas não menos verdadeira!

São Paulo, dezembro de 1999.

Poema no escuro

Nada é mais transcendental do que um poema!
Que vem de longe e tão perto,
Sorrateiro invade o deserto de nossa alma
E com muita calma, espraia-se em nossa imaginação,
Materializa-se imagem em nossa mente
Fala pela nossa boca dormente
E então é escarrado por nossas mãos
No papel mais próximo
E, sem mistério, se faz vida!

Nada é mais transcendental do que a vida!
Vem de onde? Vem de quê?
Talvez seja apenas um poema
Livre, mas sem arbítrio, métrica, apelo...
Apenas não sabemos lê-lo!

Que o nosso poeta não se entedie
E que sua inspiração
Não tarde voltar.

São Paulo, agosto de 2000.

Poema enfadonho

Esse abismo em minha frente,
Rente ao meu nariz.
Me diz incertezas, somente.
Mente e me culpa pelo que não fiz,
Me julga sem ser meu juiz,
Por algo nada transparente.
É delírio, pesadelo, déjà-vu?
Conspiração minha sobre meus sonhos,
Que de tão enfadonhos,
Merecem mesmo sucumbir?!

Essa dualidade técnico-poética
Pragmática, nunca profética,
Insípida porém incisiva,
Instigante e invasiva,
Não quer me acompanhar.
Portanto devo me desvencilhar,
Quebrar ao meio, virar centeio,
Me semear. Hibernar por longos anos,
Morrer com meus insanos
E nunca mais voltar ao meio.

São Paulo, dezembro de 2000.

Feliz aniversário para mim!

Há tanta vida na arte
Que mesmo a mera inspiração
Só pode ser um portal para reencarnação,
Um consolo para quem parte!

Não há quem a condene,
Por mais bruta que pareça a alma,
Mesmo sem merecer palmas
Tal qual o amor, ela é perene!

Livre, autônoma em demasia,
Usa o homem, sim precisa.
Quando não o arrebata, o exorciza!
Quando eu voltar, quero ser poesia!

São Paulo, dezembro de 2000.

Réquiem ao poeta

Aquela sensação de ter sido expulso
Olhar o paraíso por trás dos ombros
Chorar sonhos em meio aos escombros
E abafar no canto o meu soluço.
Depois de tanto assombro
Cortar os pulsos.
E morrer bem lento em sofrimento.
Não quero mais voltar ao pó
Não quero mais tocar canções
Versejar em público
Só quero agora ir embora
Plantar e pescar meu almoço,
Me banhar na água de poço
Lavar a fundo minha alma
Recuperar minha calma
Resgatar o melhor de mim
E quem sabe enfim
Não esquecer que um dia fui à terra dos homens.
Para nunca mais ser tentado a voltar.

São Paulo, outubro de 2001.

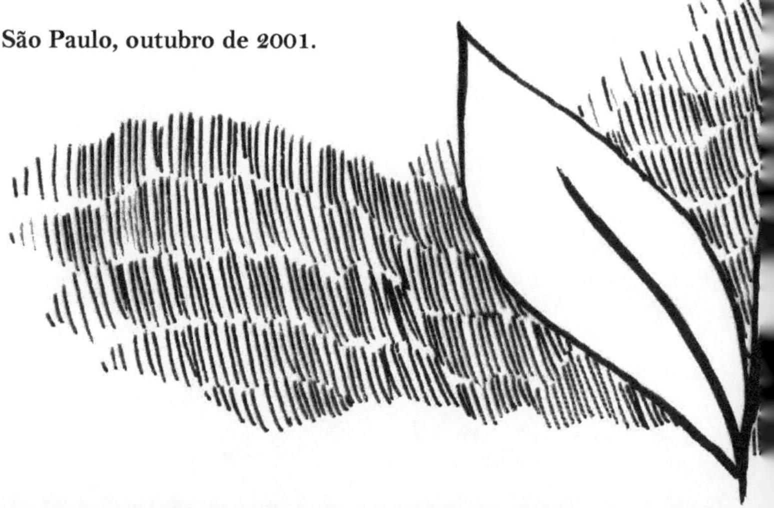

Mamãe

Você é o sol que me desperta toda manhã
Com um sorriso me rega, é mais um dia!
Que nunca me falte o seu amor,
Seus ensinamentos, seus encantos, sua alegria.

Prometo seguir cada conselho
Ouvir cada palavra que me diz
Pois seu rosto é meu espelho
Me vejo feliz, se você está feliz

Você é a rosa, jardineiro e jardim
O Éden completo, repleto de afeto
Que Deus fez para mim.

São Paulo, maio de 2001.

Saudade de Evany

Lá adiante, bem distante
Muito além daquela ponte,
Quase colado no horizonte
Por pouco não saindo da tela.
É lá, onde pesam as pálpebras do entardecer
E as sombras das árvores
São encobertas por uma maior
Naquela curva do rio, eu não quero estar só.
Quero você a meu lado
De cabelos soltos e compridos,
Sorriso frondoso e vestido florido
A me contar dos seus sonhos vividos,
E me declamar seu último poema!
Quase a beijar meus ouvidos.
E tudo então terá feito sentido!

São Paulo, setembro de 2001.

Saudades que já vivo

Ai meu Deus!
Como eu sinto saudade de você!
Do teu primeiro sorriso,
Banho juntos,
E primeiro sono no meu peito.

Seu primeiro passo, queda, ferimento
E o primeiro choro no meu peito
Seu primeiro dia na escola,
Primeira discriminação,
Primeiro golpe no meu peito.

Teu primeiro beijo no namorado,
poema, baile de debutante,
Primeiro infarto no meu peito.

Tua primeira desilusão amorosa,
Felicidade do primeiro filho,
Primeiro natal longe de nós,
E o teu último choro no meu peito.
Como eu sinto saudade.

São Paulo, novembro de 2001.

Teu nome

Antes que o sol nasça,
Talvez eu ainda faça
Algo para merecer teus lábios,
Ternos, tenros e sequiosos de carícias.
Algo que brinde a esta lua cheia
A nossa tão esperada e efêmera hora de viver.
E hoje te vejo chegar alva e reluzente
Emanando poesia vivente
Feito os primeiros raios da manhã
Pousas inteira em meus braços
Me aqueces e preenches meus espaços
E num enlevo te elevo em mim
Atrelada no meu céu como única estrela
Virão outros sóis, outras luas
Mas esta noite terá o teu nome.

São Paulo, julho de 2002.

Insônia

Passarei a noite a velar teu sono,
Ruminarei todo pesadelo que me atormenta
Invocarei o sol para que traga logo a manhã
Sem névoas, mágoas, desencontros…
Conciliadora, e que o arrebol se faça em seu sorriso
Isso afagará meu coração inquieto
Levitará minha alma a um outro plano, e, enfim,
Acreditarei que tudo não foi apenas um belo sonho.

São Paulo, agosto de 2002.

Adeus

Quando você acordar, eu já estarei distante
Na sua cabeceira ficará, uma dúvida instigante,
Valeria a pena arriscar e tocar a dor?
Queimar os dedos, calar os medos
E viver um grande amor?
Amor... esqueci que essa palavra é apenas uma
metáfora
Para substantivar pedacinhos de felicidade,
Esta, que anda na contramão de nossa vaidade.

São Paulo, setembro de 2002.

Excalibur

Bom dia! Eu sempre soube que virias
Guardo para ti uma poesia
Neste baú antigo e carcomido,
Que habitou céus e infernos
Vivenciou verões em invernos
Viajou por vazantes e marés cheias.
E, mesmo assim, preserva suas letras legíveis
Pelo menos para teus olhos
Que têm a senha para decifrá-lo
E o teu coração a nobreza de senti-lo.

Suzano, outubro de 2002.

O louco da praça

Alguns loucos passaram por aquela praça
Não eram poucos, mas um ainda embaça
Minhas lembranças infantis de mulher vivida...
Sutis, quase indevidas, daquelas tardes.
Às vezes chego a duvidar se ele existiu de verdade.
Poucos prestavam atenção a seus clamores,
Muitos riam, pois nele não se viam,
Ou simplesmente não criam mais em amores.
Eu não lembro se fui eu ou ele que me viu primeiro
Mas foi certeiro, e aquele olhar
Me congelou para sempre naquela paisagem
Não, não podia ser miragem
De sua boca renasciam todos meus versos cantados
às estrelas
Nas noites tristes de minha adolescência distante.
Como ele os aprendeu? Como fez aquilo?
Só sei como prendeu meus pés definitivamente
naquela praça
Sol ou chuva, eu estava na mesma hora a ouvi-lo
E no outro dia, não tardaria, eu sempre voltava!
Um dia... Ele não voltou...
Dei várias voltas na praça, esperei o pôr do sol... em vão
E assim fiz por toda uma semana...
Ele levou o mais belo que havia em mim
E me ensinou o mais belo do coração dos homens.

Pena que ninguém lembra dele, de suas palavras,
do amor.
E eu nem sei seu nome...Ou foi a minha carência
que o criou?
Custei admitir que muitos ainda o esperam
E que eu deveria procurar minha praça
Esquecer meus anseios e devaneios...
Cessar a procura, recomeçar a semeadura
Pois, agora, eu também creio!

São Paulo, novembro de 2002.

Nosso quarto

Impressiono-me como aqui,
Ainda reverberam seus gritos,
E me fazem tremer seus gemidos e gozos
Aqui criamos o clima e a estação
Fronteiriço entre o louco e o são
Este lugar tem vida própria e sadia
Ao mesmo tempo imprópria e vadia
Confinado neste lugar restrito
Viajo e renasço do infinito
Mais leve, porém poderoso
Pois aqui um dia, ouvi do amor orgulhoso:
Sejam bem-vindos, é aqui que eu habito!

Suzano, dezembro de 2002.

Desencontros

Errei o campo, errei o tempo
Só encontrei tuas sementes a brotar

Errei as águas, errei o rio
Tua vazante havia buscado um outro mar

Errei a praça, errei o parque
Então com outras me pus a brincar

Errei a cidade, errei o estado
Como então eu poderia te encontrar?

Enfim encontrei o coração e a poesia
Mas ela não mais me pertencia
E aqui também não é o meu lugar.

São Paulo, janeiro de 2003.

Aquarela

Se tudo insiste em te fazer triste
Lembra que teu sonho é belo e maior
E mesmo nesta escuridão
Sem prumo, rumo, refém da aflição
Nunca estarás só!

Espero que a noite pinte
E me traga a aquarela do dia seguinte,
E que tua face singela
Seja o próprio brilho da tela
A encantar a todos que te querem bem,
E, claro, a mim também.
Para eu novamente dormir em teus braços
Neles fugir do tempo e do espaço,
E viver um sonho eterno,
Mesmo que por instantes,
O que, para muitos, é muito distante!
Mais que se perpetuará enquanto vivermos.

São Paulo, março de 2003.

Insônia II

Passei pela vida a passos largos
Rompi pactos, recusei afagos
Invejei a felicidade dos conformados
Sem apelos, sem apegos, nem por isso condenados
Como eu sou, por esses corredores frios
Inquieto, infeliz e vazio
Longe de ti que eu não mereço
Amei. Sim, te amei! E por isso não te esqueço.

São Paulo, junho de 2003.

Soneto sonolento

Que saudade eu sinto do teu olhar
Tão vivo, tão quente... a falta é tanta!
Como se faltasse o ar,
Como se negassem o sol a planta

Que falta me faz o teu ouvido
Que ouve meus versos, e como nada os ecoa
Reverbera minhas palavras sensatas e as atoa
E dá a minha vida um outro sentido

Que falta faz teus lábios,
Dizendo-me amenidades e poesias
Remando sonhos e emborcando saudade

E o teu sorriso? Não deixe que nunca se apague
Nem a distância, muito menos os dias
Pois sou nada sem minha outra metade.

Nashville-TN, julho de 2003.

Feliz aniversário

Eu vim de terras tão distantes,
Onde os dias são intermináveis
E a solidão, uma constante,
Apenas para lhe conhecer!
Segui a estrela mais brilhante,
Falando de nós a cada instante,
E ela me guiou até você.
Eu sei, não são diamantes!
Nem nada tão exuberante,
Mas trouxe algo para lhe oferecer.

Vinha trazendo lindas flores,
Com doce aroma e frescor.
Frutas de vários sabores,
Mas murcharam devido ao calor.

Um sorriso me acompanhou pelo caminho
Primeira coisa que lhe daria na sua aparição
Mas ele cansou e disse: vá sozinho,
Te encontro em uma outra ocasião.

Sobrou apenas este coração
De louca frágil, porém rara
E nele estampada a nossa cara,
E você o deixou cair ao chão.
Porém, mesmo despedaçado,
Cheio de virtudes e pecados
Ele pulsa e sangra em sua intenção.

Nashville-TN, agosto de 2003.

Gaia

No meu mundo solitário,
Você determina as estações,
A cor do céu, se nublado ou azul
Calmarias e furacões
A eternidade das minhas noites
E a temperatura dos meus dias
Basta um piscar dos seus olhos
Ou o raiar do seu sorriso
E eu floresço livre
Com água, luz e carinho,
Tudo em abundância
Ou simplesmente definho
Na aridez da sua ausência.

Suzano, outubro de 2003.

Gênesis

Antes de você soprar em minhas narinas
Habitava em minhas retinas
Apenas um vazio, uma escuridão
E o paraíso era apenas um universo paralelo
Nada de fértil, nada de belo
Até você me ter em suas mãos.
E lapidar este pagão de argila dura
Tentando convertê-lo em escultura
E ver poesia em seus rabiscos e rasuras
Nos meus gemidos e soluços
Harmonia e partituras,
Mesmo sem cores, ou esboços,
Sem esforços, vislumbrou-me uma pintura.
A esmo e desprotegido, assim fui acolhido
Em seus braços minha, minha moldura
E fomos além de qualquer altura
Talvez por isso banidos,
Entregues as desventuras
Para além do éden, mas para o bem do amor.
E hoje vivemos por toda parte...
O sopro nos deu a vida,
Mas o amor a transformou em arte.

Outubro de 2003.

Tocaia

Eu queria te ver…
De perto… de longe… apenas te ver
Espreitar teu sorriso em qualquer rua
Tocaiar tuas pegadas em qualquer lua
Ao invés de prendê-la
Cativá-la, caça arisca!
Oferecendo-te meu coração como isca,
Assim sei que, outras noites voltarias,
A ceifar minha solidão. E sempre bem-vinda!
E ao beber da fonte, renovar a minha de inspiração,
Bela, fecunda e infinda.

Suzano, novembro de 2003.

A minha mestra com amor

Você seria capaz de adivinhar
Quais desses olhos ávidos
Enclausuram seu coração?
Aposto que não!
São os que viajam docemente em seus lábios
Inebriados não os ouvem, mas os sentem
E querem lhe convidar
Para fugirmos por instantes
Para além de bem distante
E ler poesia de frente para o mar
Aprisioná-la em minha tenda de estrelas
E tê-la sob o lençol do luar
E assim nunca mais esquecê-la...
Tenta adivinhar!...

São Paulo, abril de 2004.

Inverno

O sol nunca mais se ergueu
Nem no teu céu, nem no meu
E os dias nublados estão mais cinzentos
A música suave deu vez a insanos lamentos
O riso flutuante, a um silencioso tormento...

Em que profundeza mergulha tua solidão
Onde eu me perdi de ti? Onde larguei tua mão
Volta pra mim, me liberta da escuridão
Refaz nosso jardim, faz florescer perdão
Desarma esta alma sofrida
Vamos tratar de nossas feridas
Pois juntos ainda temos chances
De reconstruir a vida.

SBC, maio de 2004.

Dr. Hyde

Fique bem longe de mim
Apague as luzes, não me olhe o rosto!
Preciso de algo entreposto
Entre você e o fim
Meus olhos lhe cegariam
Minhas palavras lhe seguiriam
Portanto, suma antes de me ouvir.
Não afague minhas chagas
Eu as consegui machucando pessoas
Por imaturidade, coisas atoas
Não ancore no meu porto de mágoas.
Não consigo amputar minhas gangrenas
Guarde para você suas penas
Quero exorcizar meus anjos e demônios
Pois pesadelos e sonhos
Convivem em paz em meu travesseiro.
Quero morrer, pois sou um fantasma
Não sou verdadeiro!
E apodrecer em um deserto a esmo
Sem alma e sem endereço.
Pois sou a pessoa mais admirável
E abominável que conheço,
Talvez por conhecer somente a mim mesmo!

Riacho Grande, maio de 2004.

Saudade

A saudade soa sem sentido
É como a descrição de um aroma
Ou um sabor que não vivemos
É a soma e a pena dos pecados que não cometemos
E assim vivi a vida toda...
Era a falta de algo ou alguém,
Um lugar, uma música, uma voz...
Era a masmorra e o algoz
E tudo clareou quando lhe conheci
Como se explodissem todos sós em mim
Explicando tudo, uma panaceia
E a saudade então se dissipou
Quando você partiu, tudo ruiu
Demorei dias para assimilar a ideia
Aceitá-la descer a força pela garganta
Pois a confusão em mim era tanta
E cheia de amarras
E aos poucos, aquelas garras
Longas e afiadas da saudade
Penetraram fundo em meus pulmões
Ninguém ouviu minhas orações,
Portanto, não mereci piedade.
Além da dor indescritível, o mais incrível,
Desde então, não pude mais respirar.

São Paulo, setembro de 2004.

Nossa órbita

O que me ata a você não é um poema
Provavelmente é algo explicável
Por uma fórmula, uma equação, um teorema...
Talvez tenha peso, pois é palpável.
É distante, mas é alcançável.
Não é a razão direta de nossas massas
Nem o inverso do quadrado da distância
O que me ata a você é algo maior
É o seu sorriso quando passa
E me devolve a infância
Quando no baú de nossas purezas
Guardávamos uma sutil beleza
De um sentimento chamado amor.

Suzano, junho de 2005.

Meu bebê

Não sei quantas vidas vivi
Para enfim te ter em meus braços...
E agora estás aqui
Crescendo em mim, me pedindo espaço...

Logo, logo iluminando a casa com teu sorriso,
Dando a ela ares de paraíso
Assim como sentido e prazer a tudo que faço

És a felicidade que Deus deu para mim
Não espero a hora de te ver nascer e viver assim
Todo amor que guardo para ti.

Riacho Grande, julho de 2005.

Iara

Ouvi um chamado ao longe
Enclausurado e renunciante feito um monge,
Tentei evitar teu canto de sereia.
Mas lá fora o luar banhava as rochas
E aqui dentro as ondas inundavam minhas veias
E o teu mar transbordou em mim
Bebi o sal do mar nos lábios teus
Já não era mais preciso fugir
Pois teus encantos, todos, já eram meus
E mergulhei contigo num sonho sem fronteiras
Sem o mínimo medo de me afogar,
Pois enquanto fazíamos amor de todas as maneiras,
O teu beijo me fazia respirar.

Suzano, fevereiro de 2006

Para sempre, hoje

Não, eu não quero a eternidade
Nem viver a vida toda a teu lado
Nem cruzar o mundo, talvez a cidade
Talvez um jantar, um lugar sossegado...
Onde possamos embebedar nossa serenidade
Sem receios ou sobressaltos
Onde possamos declamar poesia e rir alto
Sem incomodar os demais com nossa felicidade
E namorar como se fosse o último dia
Do último verão de nossas vidas
Se não bem vividas, nem tanto vazias
E sim repleta de labaredas e amenidades
Não, eu não quero a eternidade
Eu quero apenas esse dia para sempre!

Caieiras, julho de 2005.

Doce

Doce,
Como um "seja bem-vindo ao nosso lar"
Como um colo de mãe
Um abraço de pai

Doce,
Como festa de "um aninho"
Sabor de infância
Como suspirar pela professora

Doce,
Como o primeiro selinho
Primeira comunhão, Bar Mitzvá
Como baile de 15 anos,
Até chorar de amor é doce!

Casamento, buquê a passear no ar
Estar sempre com você, também seria doce
Mesmo que não fosse.

São Paulo, outubro de 2006.

Demais

Espero que hoje o galo não cante,
Se possível nunca mais!
E mesmo antes que eu me levante
Que eu desperte com sua paz.
E se ele cantar que você não me negue
Que peite todos e carregue
Comigo esta cruz, pesada demais
Para uma pessoa só.
E de mãos dadas removeremos montanhas
Escreveremos histórias, contos, façanhas
Desventuras, prazeres e agruras
Preço pago, por lhe amar demais.

São Paulo, dezembro de 2006.

Por todas as minhas vidas

Perdi algumas batalhas,
Venci inúmeras guerras,
Estendi teus reinos além das distantes terras
E em troca nem sequer uma medalha!
Um sorriso... um olhar... uma menção!
E eu ainda ouço a solidão dos calabouços
Onde morri esquecido, após ser traído
Pelos que temiam minha ascensão.
E nunca pude dizer o quanto te amava, minha rainha!
Talvez, a maior das penas minhas.

Quando rasgaste o céu escuro
E acendeste minha noite triste
Achei que tinhas vindo me buscar, eu juro!
E te persegui além da minha tribo, e tu não viste
Quando um leão faminto destroçou este pigmeu
Que guardava um amor gigante
Maior que meus amigos elefantes
E eu sabia que eu era todo teu!

Quando novamente estive na tua presença,
Em vez dos tão esperados versos,
Dos teus lábios perversos,
Ouvi minha sentença.
Fitei teu olhar para ver se me reconhecerias
Eras outra pessoa, de uma outra etnia
E antes de me matar, arrancaste-me a burca.

Desferiste-me alguns golpes na nuca
E possuíste a força, o que era teu por direito…
Como podes apagar do peito
Algo que foi tão sagrado para nós?

Portanto, não sei quantas vidas vivi
Para enfim te ter em meus braços
E agora tu estás aqui, fazes parte de mim
E dás sentido e prazer a tudo o que faço.
Não, eu nunca mais vou te deixar partir!

São Paulo, fevereiro de 2007.

Translação

Vou esperar mais um arrebol
Quem sabe reinicie tudo novamente
Que seu sorriso brilhe intensamente
Que ele seja meu próprio sol
Vou esperar a próxima lua cheia
As noites passarão, logo ela retorna
E ateará fogo na minha vida morna
Trazendo após a estiagem minha tão esperada ceia
Vou esperar a próxima estação
Com a paciência de quem ama sem medidas
Com a consciência que esta é a vida
E que esse será o último verão
Vou te esperar como se anseia o ano novo
Com sonhos transpirando por todos os poros
Já nem sei para que deus eu imploro
Só quero te fazer feliz de novo
Pois te amo! E nem sei por que te amo tanto...
Não há palavras... há só encantos

Não precisamos dar uma volta ao mundo, nem nosso planeta necessita dar inúmeras voltas ao redor do sol, para percebermos que as pessoas mais importantes do mundo sempre estiveram ao nosso lado. Alice, amamos você!

São Paulo, junho de 2009.

Pirata

Um dia eu decidi ir embora!
Existem muitas latas mundo a fora
E sei que por lá ninguém me ignora,
Nem se pergunta a um pirata quem é seu dono
Se é filho da sorte ou do abandono
Nem sequer onde você mora!

Será que eles sentirão minha falta?
Ou um alívio, talvez?
Ou esse mês, por ser o mais importante,
Nem por um instante, eu estarei na pauta?
"Volta pirata, vem sujar de novo meu portão
Usa teu instinto, volta faminto, eu não brigo não
Revira qualquer lata, sentimos muito tua falta...
De onde estiver nos envie um perdão."

São Paulo, dezembro de 2010.

Expiração

O ar que vem dos meus pulmões
E reverbera docemente em meus lábios
Não são tolos, nem sábios
São meros poemas que dizem: Te amo!
É a súplica da saudade quando te chamo…
São canções para te fazer feliz, mais e mais
São orações que fiz, para que não me deixes jamais
É o meu "muito obrigado, senhor"
Por me revelar o amor…
E que eu enfim descanse em paz!

São Paulo, fevereiro de 2011.

Poesia e Sexo

Como se num status pós-epilético
Distante, lentificado, apaixonado…
Nem de longe lembra o há pouco ritmo frenético!
Quase a levitar da cama
Com a transpiração intensa de nosso suor
Mesclado, indissolúvel, uma névoa só
É paz, é silêncio, por segundos, sem drama

E aos poucos, não mais perplexo… dissipados
Rimos… choramos… falamos de poesias
Confidenciamos fraquezas e alegrias…
Tudo antes do próximo sexo… e apaixonados!
Te amo.

Suzano, março de 2011.

Volta a dormir

Volta a dormir!
E me deixa fazer parte novamente dos teus sonhos
Volta a ser a musa dos versos que componho
Por favor! Volta a dormir!
Volta a ser minha princesa
O clarão de felicidade
Capaz de iluminar toda a cidade
E que mantém minha vida acesa!
Volta a dormir, por favor!
E que os anjos cantem canções de ninar em
seus ouvidos
Pois somente nos sonhos que isso tudo faz sentido
Volta a dormir!
Quero pegar novamente em tuas mãos
Refazer nossas pegadas no chão
Pois a jornada ainda está bem longe do fim...
Volta a dormir... Volta pra mim...

São Paulo, março de 2011.

Ao meu tio Gil

Lembro quando você me acordou aquele dia!
E, na vila, aquele único nascer do sol
Me trouxe mais que um arrebol…
Me despertou a poesia.
Meu tio! Você é o próprio sol!
E sempre estarás presente nas minhas manhãs
Pois, mesmo quando tudo está nublado
Sem vê-lo, sei que existe!
Alegre ou triste, se certo ou errado
Quem inventou o pecado? E quem sou eu para julgá-lo?
Só sei que pra todo sempre vou amá-lo!
Pois você persiste aqui do meu lado.

Teremos sempre um encontro
Nos primeiros lampejos do dia
Eu, você e a poesia!
Pois descobri que vem de lá nossa energia!
Esteja sempre pronto!

Bertioga, janeiro de 2012.

Feliz Dia das Mulheres

O que dar a uma Deusa?
Se ela já tem o céu e todos os deuses a seus pés
O que dar a uma princesa?
Se ela herdará tudo, até onde seus olhos alcançam,
E o que seu coração possa desejar!
O que dar a uma mãe?
Se dela nascem as deusas, as princesas
E somente a elas foi outorgado o dom da vida
O que dar a uma musa?
Se nela vejo uma deusa, uma princesa, uma mãe…
Eu só tenho esses versos simples
E meu amor complicado, para lhe oferecer,
Eu sei que é pouco… Mas é seu.

São Paulo, março de 2012.

À minha tia, meu amor!

Quando você atravessou o rio
Meu passado já combalido ruiu e você não viu
Eu sei, eu estava distante e escondido
Perdido, inseguro, com medo e frio,
E a saudade? É do tamanho do que ficou vazio...
E no céu, pela beleza e pelo brilho da lua
Imaginei a recepção na festa sua,
Com todos os anjos, arcanjos e querubins felizes a
cumprimentá-la,
Como uma lenda, entre tantas outras da
nossa Amazônia
Que ainda sonha ter sua própria santa,
E isso não me espanta, eu já tenho a minha.
Imagino seu sorriso frondoso, acolhedor
Transmitindo paz, esperança e amor.
Sim pois sei o quanto você amou e foi amada...
Que momento lindo sua chegada...
Fico apenas na imaginação, na saudade e mais nada
E por mais que eu atravesse o rio
Eu não tenho sequer um fio, da esperança de ir além
deste portão
Pois meu convite se perdeu, ele não se converteu
em perdão!
Não nos deixe a sós, orai por nós!

São Paulo, abril de 2012.

Fantasma

Apaguem as luzes,
Se apeguem às cruzes,
Tranquem suas portas,
Pois ele escreve certo
Mesmo nos corações desertos,
Por linhas mortas.
Assim sou eu…
A passar em frente à sua janela
Com correntes pesadas, atreladas
Em minhas canelas.
Reze com fervor, lhe pedirei…
Invoque o esquecido amor
Que já já eu passarei…

São Paulo, abril de 2012.

O mar e a brisa

Agora vejo novamente a imensidão do mar…
Tão imenso quanto o meu amor por vocês…
E o de vocês por mim!
Que acalanto eu sinto nessa brisa.
Que beija meu rosto e me diz que ainda não é o fim!
Sinto sua mão suave que docemente em meus
cabelos desliza
E diz: Que bom você estar aqui entre os justos
e dignos do pai
Sinto que tudo de triste se esvai
E novamente tenho meu corpo como sempre foi…
Porém, sem dor, mágoa, solidão e incertezas…
Pois minha alma é maior do que tudo…
Aqui tem um ar de nascer e pôr do sol
Assim como uma paz constante…
Aquela que perseguimos a vida toda, está aqui!
Queria lhes dizer: Não chorem por mim,
Não era intenção tamanha tristeza.
Estarei todos os dias com vocês em nossa mesa…
Na saudade… em uma prece… ou em uma vela acesa…
Em tudo que é belo, e se merece, simples assim…
Viverei nas boas lembranças, pois tudo isso é amor
E, portanto, de onde estou, eu vejo que não existe o fim!

Suzano, setembro de 2013.

A um anjo

Ao acordar, pensarás no poema que te fiz
No abraço afetuoso que tudo diz,
Gostoso, marcante feito cicatriz;
E ao mesmo tempo suave, desenho de giz
Libertino e libertador, e mesmo preso, quero bis!
Assim sonhei... assim sempre te quis.

Novembro de 2013.

Abril

Agora! Enquanto a vida se demora
Por Deus e Nossa Senhora, quero fazer o meu melhor
Queimar pestanas, noites insanas, dedicar
lágrimas e suor!
Ser paciente para entender os meus doentes
De forma humana e coerente...
Sim, antes de estar do outro lado da agulha,
Melancólico, onde a incerteza nos mergulha,
No mesmo mar que nos fez sobreviventes
E onde um dia seremos remanescentes
E, por fim, apenas mais um corpo incandescente
Que se apagou na profundeza do esquecimento
Na tristeza dos poucos lamentos
Onde não há mais tormentas e tormentos
Nesse imenso mar sem norte...
Agora e na hora de nossa morte... Amém!

Barueri, abril de 2018.

Como é belo viver!

Quando eu for embora
Apenas feche as portas, e não fale a ninguém
Será que alguém chora? Ou só diga amém?
Sairei pelas portas dos fundos,
Pois sei que pertenço ao submundo
E a mais ninguém!
Comigo se apagarão histórias fantásticas
Tristezas vividas e alegrias contidas
Amores secretos e promessas não cumpridas
Acima de tudo, meus passos...
Descompassos de todas as minhas vidas...
Mas jamais esquecerei o êxtase de sonhar
E acordar no melhor lugar do mundo, seus braços!
Como foi maravilhoso viver!

São Paulo, julho de 2019

Para Armstrong, Aldrin e Collins, 50 anos

Se eu seguir essa estrada prateada, pintada no mar
E subir até a lua, que um dia foi tua
Será que ainda te encontro por lá?
Será que ainda me espera, me espreita entre crateras
Para lermos poesias sob o fundo azul da terra
desenhado pelo mar?
Que ao longe encerra, e naufraga meu desejo de voltar...
Então partiremos rumo a Marte, e por toda parte
Em meio a dilemas seculares, deixaremos rastros de
poemas estelares,
Para num futuro não tão distante, os cybers navegantes
Encontrem nossos passos gigantes incrustados por lá!

São Paulo, julho de 2019

FONTE: Bell MT

Novo Século nas redes